RÉCEPTION

DE

S. M. L'IMPÉRATRICE-REINE,

MARIE-LOUISE

D'AUTRICHE.

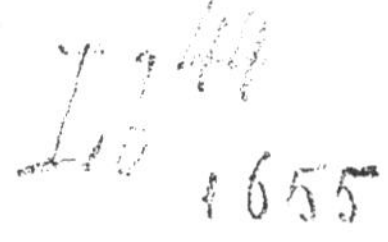

PROGRAMME.

Vu les instructions et ordres relatifs à la réception de *S. M.* *L'IMPÉRATRICE-REINE*, *MARIE-LOUISE d'Autriche*,

Le MAIRE de la Ville de Strasbourg, CHEVALIER de l'Empire;

Considérant que la circonstance est solennelle, et que la Ville de Strasbourg a, la première de toutes les Cités de l'Empire, de nouveaux sentimens à épancher, d'augustes devoirs à remplir;

Considérant que les efforts de l'Administration municipale et le concours simultané de tous les habitans doivent consacrer extraordinairement une époque à la fois chère et mémorable;

A ARRÊTÉ le Programme suivant, sauf les modifications qui pourraient être éventuellement prescrites par les Autorités chargées des ordres directs de *SA MAJESTÉ*.

ARTICLE PREMIER.

L'heure de l'arrivée et de l'entrée de *S. M. L'Impératrice Reine, MARIE-LOUISE* d'Autriche, sera annoncée par le son de toutes les cloches et par le canon de la Place.

I I.

Toute la garnison prendra les armes: la moitié de l'infanterie sera mise en bataille sur le glacis, à droite et à gauche de la porte d'Austerlitz ; et l'autre moitié sur les places que *SA MAJESTÉ IMPÉRIALE et ROYALE* devra traverser.

Toute la cavalerie ira au-devant de *SA MAJESTÉ*, jusqu'à une demi-lieue de la Place, et l'escortera jusqu'à son Palais impérial.

I I I.

M. le Préfet, accompagné d'un détachement de gendarmerie et de la Garde nationale, recevra *SA MAJESTÉ* sur la limite du Département.

I V.

Le Maire, ses Adjoints et le Conseil municipal attendront *SA MAJESTÉ* sur la limite de la Municipalité : le Maire haranguera *L'IMPÉRATRICE-REINE* devant l'arc de triomphe.

V.

Deux détachemens, l'un de la Garde d'honneur à pied, l'autre des compagnies d'élite de la Garde nationale de la Ville, avec

(5)

les deux Etats-majors et la musique, accompagneront le Corps municipal, et prendront rang à sa droite et à sa gauche.

Le rendez-vous des détachemens sera déterminé par les Chefs des Corps.

V I.

Un autre détachement de la Garde d'honneur, tant à pied qu'à cheval, prendra son poste au Palais impérial, sous les ordres de M. le Gouverneur.

V I I.

Les dehors du Palais impérial seront occupés par des détachemens des compagnies d'élite de la Garde nationale et de la Garnison.

V I I I.

Le surplus de la Garde d'honneur à cheval, avec une partie de son Etat-major, ira au-devant de *SA MAJESTÉ*, à une demi-lieue au moins au-delà de la limite, et escortera sa voiture.

I X.

Des places distinguées seront assignées, près du Corps municipal, au lieu de la réception, pour les Membres des Autorités qui voudront s'y rendre en costume et en corps.

X.

Il en sera assigné de particulières, aux Membres de l'Académie, des Administrations et Agences, qui s'y réuniront de même en costume et en corps.

X I.

Les Elèves et Pensionnaires du Lycée impérial seront placés près du monument Desaix.

X I I.

M. l'Evêque se tiendra, au passage de *SA MAJESTÉ*, sur la grande porte de l'Eglise cathédrale, en habits sacerdotaux, avec son Clergé.

X I I I.

Les maisons, dans les rues du passage de *L'IMPÉRATRICE-REINE*, depuis la porte d'Austerlitz jusqu'au Palais, seront décorées de fleurs, de guirlandes, d'emblêmes, de tapisseries etc. , et illuminées, si l'entrée a lieu de nuit. Cette disposition, l'illumination exceptée, est commune aux rues du passage de *SA MAJESTÉ* pour le départ, et à celles qu'Elle pourrait parcourir dans le cas d'une promenade dans l'intérieur de la Ville.

Ces différentes rues sont principalement, et on les indique en partie, celles du Bétail, du Marché aux poissons, des Hallebardes, des Arcades, du bas de la Place d'armes, de la Mésange, du Broglie, de Pierres, de Saint-Etienne, des Frères, du Dôme, des petites Boucheries, du Marché aux vins, du Fauxbourg blanc, et toute l'enceinte des Places du Palais et de la Cathédrale.

X I V.

La propreté sera extraordinairement entretenue dans les mêmes rues, qui seront dégagées de tous amas, voitures, échoppes, matériaux etc. Des ordres particuliers seront donnés à cet égard.

X V.

Toutes les cloches sonneront, depuis le moment de l'arrivée de *SA MAJESTÉ* à la limite de la Ville, jusqu'à son entrée dans son Palais.

X V I.

La sonnerie de la cloche dite des portes et l'exposition des drapeaux sur la tour, seront le signal des réunions aux postes et rendez-vous respectifs.

X V I I.

Le soir de l'arrivée, il y aura illumination générale de toutes les maisons et édifices publics et particuliers de la Ville. Cette illumination sera répétée le lendemain si *SA MAJESTÉ* fait séjour.

XVIII.

La Cathédrale, sa flèche, ses portails et tout son pourtour seront illuminés en entier.

XIX.

Vis-à-vis de la terrasse du Palais impérial, au quai des Bateliers, une illumination allégorique représentera un Arc d'Alliance, avec les fleuves du Danube et du Rhin.

XX.

Une forte distribution de secours en argent sera faite à des familles indigentes, et sur-tout à des pauvres honteux, la veille, dans une des salles de l'Hôtel de Ville.

XXI.

Les professions de Commerce, d'Arts et de Métiers, avec leurs attributs et des emblêmes, seront admises à passer sous les yeux de *S. M. l'Impératrice*, sur la terrasse du Palais, et dans tous autres endroits qui leur seront désignés.

A la suite des Arts et Métiers de la Ville, paraîtront les groupes formés par les habitans du Kochersberg, tant à pied qu'à cheval et en voitures.

X X I I.

Tous les Militaires de la garnison seront traités dans des banquets publics.

X X I I I.

Il y aura spectacle *gratis.* Des cartes seront remises à MM. les Chefs des corps militaires, pour être distribuées selon les grades ; les habitans ou étrangers les prendront chez les Commissaires de police de leurs arrondissemens respectifs ; et des places seront réservées pour les personnes des Arts et Métiers et du Kochersberg, de tout sexe, qui auront figuré dans les groupes du cortège.

X X I V.

Les mêmes cérémonies et solennités, que pour la réception, seront observées pour le départ de *SA MAJESTÉ.*

X X V.

La solennité de l'évènement sera consacrée par une médaille frappée au nom de la Ville. Des jettons commémoratifs provisoires seront distribués dans la journée, et notamment aux Maîtres et Chefs des arts et métiers, qui auront le mieux concouru et contribué à la Fête.

X X V I.

Le présent Programme, après avoir été approuvé par M. le Préfet, sera imprimé dans les deux langues, publié, affiché et distribué.

Fait à Strasbourg, le 17 Mars 1810.

Le Maire de la Ville de Strasbourg, Chevalier de l'Empire,

Signé : L. WANGEN DE GEROLDSECK.

Approuvé,

Le Préfet du Département du Bas-Rhin,

Signé : LEZAY-MARNESIA.

Vû et approuvé quant aux Dispositions militaires,

Le Général de Division,
Signé : DESBUREAUX.

A STRASBOURG, de l'imprimerie de L. ECK, rue des Frères, N.° 2.